陶艺指南针

查海曼◎丛书主编

李君儒　徐　昂　马晏宁◎本册主编

安徽师范大学出版社
ANHUI NORMAL UNIVERSITY PRESS
·芜湖·

图书在版编目(CIP)数据

陶艺指南针 / 李君儒,徐昂,马晏宁主编. — 芜湖:安徽师范大学出版社,2024.3
ISBN 978-7-5676-6460-9

Ⅰ.①陶… Ⅱ.①李… ②徐… ③马… Ⅲ.①陶瓷艺术—中学—教材 Ⅳ.①G634.955.1

中国国家版本馆CIP数据核字(2024)第057118号

陶艺指南针

李君儒　徐　昂　马晏宁◎主编

责任编辑:吴山丹

责任校对:房国贵

装帧设计:王晴晴　张德宝

责任印制:桑国磊

出版发行:安徽师范大学出版社

　　　　　芜湖市北京中路2号安徽师范大学赭山校区

网　　址:http://www.ahnupress.com

发 行 部:0553-3883578　5910327　5910310(传真)

印　　刷:苏州市古得堡数码印刷有限公司

版　　次:2024年3月第1版

印　　次:2024年3月第1次印刷

规　　格:787 mm×1092 mm　1/16

印　　张:5.25

字　　数:60千字

书　　号:ISBN 978-7-5676-6460-9

定　　价:49.80元

凡发现图书有质量问题,请与我社联系(联系电话0553-5910315)

"芜湖荟萃中学校本课程丛书"
编委会

丛书主编：查海曼

副 主 编：陈 萍 孙怀俊

本册主编：李君儒 徐 昂 马晏宁

副 主 编：韩蕴泽 胡 珺

参 编：吴道鹏 吴 浩

编者简介

李君儒，男，1962年生。南京艺术学院设计系毕业，2016年9月于景德镇陶瓷大学陶艺培训班结业。中国书法家协会会员，中国硬笔书法协会会员，北京人和书画院院士。2016年10月创建陶源结艺文创空间工作室；2017年创建荟萃中学陶艺社；2018年度荣获"芜湖市中小学社团展演大赛"一等奖，并制作荟萃中学陶艺社宣传片"瓷语故事"。

胡珺，男，1981年生。景德镇陶瓷学院文学硕士，美国西弗吉尼亚大学艺术学硕士。景德镇陶瓷大学陶瓷美术学院副教授，硕士生导师，艺术教育教研室主任。中国陶瓷工业协会会员，江西省美术家协会会员。中国美术学院访问学者，美国纽约市立大学皇后学院高级访问学者。

韩蕴泽，男，1989年生。日本东京艺术大学陶艺专业博士，景德镇陶瓷大学陶瓷美术学院教师，作品曾参加亚洲现代陶艺展等多项国际展览并入选日本陶艺美术协会第八届"陶美展"等。

徐昂，男，1999年生。景德镇陶瓷大学陶艺专业学士，三成工作室主理人，陶源结艺文创空间授课老师。作品曾入选江西省美术家协会展，合作画廊为蝉野艺术空间。

马晏宁，女，1998年生。景德镇陶瓷大学设计学陶瓷设计与理论研究方向硕士。获高级中学教师资格，曾参与多本高校与中小学陶艺课程教材以及艺术类图册的开发与编写工作。

前　言

　　"芜湖荟萃中学校本课程丛书"即将陆续付梓出版，应约撰写前言，欣然接受，也是我应尽的职责。

　　2020年6月，我由芜湖一中副校长调任芜湖荟萃中学校长，积极推动芜湖荟萃中学的校本课程建设。2021年3月，芜湖荟萃中学创立"课程开发中心"。其缘由，细思起来主要有以下两点：

　　一是学校自身发展的需要。芜湖荟萃中学的特点概括起来就是：不长的办学历史，深厚的校园文化。芜湖荟萃中学现在的地址是芜湖市第一中学的原校址。芜湖一中溯源是创建于1765年的中江书院，办新学也有100余年，是一所百年名校，严复、陈独秀、蒋光慈等都曾在这儿留下过足迹。新中国成立后，芜湖一中一直是安徽省25所省重点中学之一，后芜湖一中创建省示范高中，芜湖一中的初中部就独立出来，命名为"芜湖市荟萃中学"。当时是芜湖市最好的初中之一。后因政策原因，芜湖市荟萃中学停办，2012年，芜湖一中整体搬迁至芜湖市城东新区，在芜湖一中原校址复办芜湖荟萃中学。巧合的是，芜湖荟萃中学复办后的第一任校长李万道和我本人均是由芜湖一中副校长调任。因此，芜湖荟萃中学在教育理念、教育方式、管理模式上都自然传承了芜湖一中的一些做法，坚持以人为本、以德为先，形成了开放包容、生动活泼的校园样态。

　　调入芜湖荟萃中学不久，一次和安徽师范大学李宜江教授闲聊。李教授的孩子就读于芜湖荟萃中学，所以他对芜湖荟萃中学的发展寄予厚望。他诚挚寄语道："你们要努力办一所家门口的名校。"

　　什么样的学校才算是名校？衡量的指标很多，说得通俗一点，就是学校里莫过于有四声：书声、歌声、笑声、民声，要努力地让我们的学生在校园里快乐健康地成长。其中的"民声"就是老百姓的口碑。俗话说："金杯银杯不如老百姓的口碑。"可以说，在老百姓中有好口碑，是名校最重要的特质。

但我个人以为好口碑不应是暂时的，不只是升学率高，还是孩子在这所学校里身心都真正得到了发展，即使毕业了很多年，回想起自己的母校，感受依旧是美好的、温馨的。

"我们眼里没有中考、高考，我们就没有今天；如果我们眼里只有中考、高考，我们就会失去明天。"所以好的教育，既要着眼当下，更要放眼未来。在基础教育阶段，在应对中考、高考的同时，更要大力推进素质教育，提升学生的综合能力，为学生未来可持续发展奠基。

放眼未来的教育，就是要在基础教育阶段能激发出学生的潜能。因此，我们坚持办适合师生科学发展的和谐教育，全面提高学生综合素质，全面提高教师专业素养，全面提高学校教育质量，全面落实立德树人的根本任务。

二是教育发展的本质需求。2013年，我在上海卢湾高级中学跟岗学习三个月，获益匪浅。上海作为全国教育发达的城市，它的教育观念、教育思想在全国是超前的、领先的。一所学校真正的特色就是要通过新的课程的创设，让教师教的方式，或是学生学的方式发生改变，以达到促进师生共同成长，进而达到全面提升教育品质的目标。

原上海市教育科学研究院的一位专家曾言："课程就是跑道，好的课程就是一条好的跑道，可以让教师自己跑得更快，让你的学生也跑得更快。""课改要改课，但改课不能违背教育教学规律，要遵从学生身心发展的规律。"

和教学紧密结合的课程才有价值，"教学"是什么？是"教学生学"。教什么很重要，是教信念、教思维、教技能还是教知识，这决定了学生"学"的境界。如果我们以教"知识"为目标，就会减少学生对生活的理解、感悟，对生命的追问和思考。学生只能"复制""下载"一些规矩和知识，这是违背教育本身规律的。因而我们的课程改革只有立意在教技能、教思维上，才会让学生有所得，有收获。新课程的创设是需要教师辛勤耕耘和智慧付出的，这一过程无疑会推动教师的快速成长。

芜湖荟萃中学课程开发中心建立以来，以习近平新时代中国特色社会主义思想为指导，落实《国家基础教育课程改革指导纲要》及教育部等八部门《关于进一步激发中小学办学活力的若干意见》（教基〔2020〕7号）精神，响应芜湖市委市政府、市教育局的号召，学习经济发达地区的先进办学经验，融入长三角教育体系，积极适应新时代教育教学课程改革要求，进一步加强学生社团建设，并依托学生社团，完善学校课程体系，大力发展素质教育，全员全程全方位培养学生全面发展，提高学生综合素质，助力学生成长成才。课程开发建设工作，得到广大师生积极响应。截至目前，"双向绘本""陶瓷艺术""教育戏剧""健美操""定向运动"五个校本课程项目获得市级立项，共获得近百万元专项资金支持。

衷心希望已经获得市级立项校本课程的主持人辛勤工作，不负厚望，结出硕果；希望更多荟萃中学的老师走进校本课程开发这片园地中来耕作，让芜湖荟萃中学百花齐放，春色满园。

让我们共同努力，深入推进学校教育教学改革和发展，提升学校办学特色、内涵和品质，满足新时代社会和学生的需求。

芜湖荟萃中学党总支书记、校长　查海曼

2023 年 4 月 3 日

序　言

一、出版缘起

随着国内陶艺行业的快速发展，陶艺爱好者群体也在不断扩大。在体验陶艺创作乐趣的同时，大家也会遇到许多棘手的问题。因此，出版一本用于指导陶艺爱好者快速甄别问题、解决问题的工具书就十分必要。

目前，国内原创的陶艺制作类答疑书籍较少，多为国外译本。但国外译本内容过于专业，且书中材料、技法都与国内实际情况有所不同。因此，本书结合国内陶艺发展的实际情况，以实用、易用为出发点，提供给广大陶艺爱好者以具体指导。

二、主要内容

本书汇总了捏塑成型、泥条成型、泥板成型、拉坯成型等各种成型技法以及烧成中会遇见的问题，并分析了导致问题的多种原因，再给出相应的解决方法。

遇到相应问题，读者可以根据页边色块迅速查找到对应的解决方法。本书还设有常见制作问题检

索目录，将陶瓷制作中的常见问题分为瑕疵、变形、开裂等几个类型，读者可以根据自己遇到的问题精准搜索到解决方法。

三、出版目的

本书主要针对陶艺初学者，不仅分析了造成问题的原因，还给出了多种解决方法。读者可以根据实际情况选择易于操作的解决方法，并从解决方法中总结出陶瓷制作的基本规律，达到提升自身能力的效果。

书中内容多为问题解答，推荐读者在有一定实际操作经验以后再阅读本书，以便更清晰地理解书中的解决方法。

希望本书能为广大陶艺爱好者提供帮助，让大家更好地领略陶艺的魅力和乐趣。

韩蕴泽

2023年5月1日

目　录

捏塑成型篇

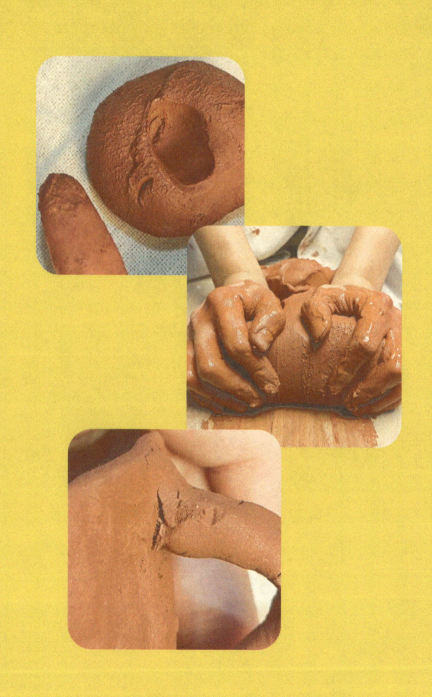

陶艺指南针

常见问题1：

坯体表面龟裂

在捏塑成型过程中，经常会因为泥巴过干或韧性不足导致坯体表面龟裂。

在捏塑时，如果产生了一些难以察觉的细小裂缝，那么在干燥过程中，这些裂缝就会随着泥巴的收缩越来越大，最终导致坯体表面龟裂。

小贴士：

在捏塑过程中，需要及时调整造型，但调整幅度不应过大，以免因泥巴韧性差或过于干燥产生裂缝。因此，在刚开始捏制时就需注意控制坯体形状，避免后续过大幅度的调整。

解决方法①：

捏塑成型过程中，若要判断泥巴的干湿度，可以用手指在泥团上按压，观察按压处有无开裂现象。

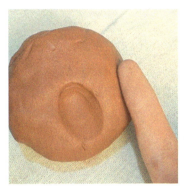

用手指按压泥团

如果没有开裂痕迹并且手指与泥团接触处无强烈的粘连感，说明泥巴的干湿度适合捏塑，可使用此泥团进行下一步操作。

解决方法②：

捏塑过程中，泥巴暴露在空气中过久会导致表面水分蒸发，内外干湿度就会不一致，在捏制时便会产生裂缝。

这时，可用浸湿后的海绵擦拭泥巴表面补水，避免坯体表面龟裂。

使用湿海绵补水

常见问题2：

坯体底部开裂

在捏制体积较大的器皿类坯体时，需要将泥团放在坯板或转盘上操作。

此时，需要避免泥巴底部与坯板或转盘粘连，否则将难以取下，且可能造成坯体底部开裂。

小贴士：

在搬运体积较大的作品时，应轻拿轻放，避免磕碰，防止产生暗伤或者裂缝。

解决方法①：

在捏塑成型时，首先要控制泥巴的干湿度。坯体底部泥巴过湿，就会与坯板或转盘粘连，此时需要添加较干的泥巴混合揉制。

泥巴过于湿润

如果泥巴过于干燥，则需要添加湿润的泥巴混合揉制以免坯体开裂。

揉制成干湿度合适的泥团后再进行捏塑，才能制作出我们想要的器型。

解决方法②：

揉好的泥团放在坯板或转盘上操作时，应在泥团的底部与坯板或转盘接触的地方垫纸或者布。这样可以使泥巴在干燥时有收缩的空间，避免底部开裂。

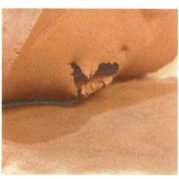
未垫纸张或布可能导致泥巴与接触面粘连

将垫布置于接触面上，避免泥巴与接触面粘连

常见问题3：

烧成时炸裂

过厚的坯体或未充分干燥的泥巴入窑烧制时，坯体可能炸裂。

除此之外，捏制泥团时如果使用的是泥块堆叠的方式，则泥巴中很可能留存了无法排出的气体。升温加热后，坯体收缩，气体无法充分排出，会导致坯体炸裂。

小贴士：

窑温上升至约120℃时，泥巴中的自由水可完全排出；

到达约700℃时，结合水可全部排出。

所以素烧温度一定要在700℃左右。

解决方法①：

正式烧制前，可在坯体干燥后先进行素烧。

素烧可以使泥巴内的水分充分蒸发，之后再进行二次烧成，就可以大大降低坯体炸裂的概率。

坯体素烧

解决方法②：

在烧成时，窑炉要调整到合适的升温曲线。

天气较冷时，窑炉设置的初始温度要与当天温度一致，以免升温过快对坯体造成损害；降温时要自然降温，窑炉温度与室内温度接近时才可打开窑门。

解决方法③：

在捏塑前可采用菊花揉或羊角揉的方法充分揉泥。

揉泥能使泥巴内部的气泡排出，也能使泥巴内外干湿程度一致。

揉泥

常见问题4：

捏塑造型不准确

造型准确是器物制作成功的关键。

捏塑时，如果捏不出准确的造型，可能是因为泥巴韧性不好、工具使用不当等。当然，这也和自身缺乏把握造型的能力有关。

解决方法①：

在捏塑成型前，要先画设计图纸，把自己想要的造型尽量详尽地体现在图上，不能凭空捏制。

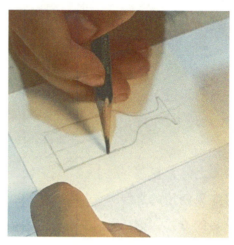

捏制前先在纸上设计出器物造型

解决方法②：

待造型基本捏制完成后，需再使用合适的工具对细节处进行调整。

通过反复练习，可提升把握造型的能力。

捏塑时塑造细节的工具

常见问题5：

粘接处出现裂缝

捏塑时，"粘接"这个技法是尤其需要掌握的。

比如：杯子把手的粘接，动物造型细节如眼睛、耳朵的粘接。

刚开始尝试粘接时，很容易出现脱落或开裂的情况，这大多是因为两块部件的泥团干湿程度不同或者泥浆的浓稠度不合适而导致的。

解决方法①：

两块泥团干湿度不一致时，可把它们放入保湿箱中静置一晚，使其干湿度一致，第二天再进行粘接。

泥巴干湿度不一致导致粘接处断裂

浓稠度适合的泥浆

解决方法②：

把干燥后的泥巴研磨至粉末状，少量多次加水不断搅拌，再局部涂抹试用，直至泥浆浓稠度合适。

解决方法③：

泥巴捏塑完成后，要让其自然阴干，不能过度借用外力使其干燥（如用热风枪、电风扇吹，太阳暴晒等）。

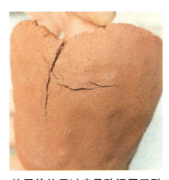

热风枪使用过度导致泥团开裂

因为外力的介入极易使粘接的两块泥团因收缩程度不一致而产生开裂。

常见问题6：

坯体底部太薄导致变形

在捏制一些器皿类或者异形的器物时，时常会有坯体塌陷的情况，这往往是因坯体底部太薄或者底部泥巴过湿导致的。

小贴士：

刚开始尝试泥塑时，可先从简单的造型入手，待熟悉操作手法后再尝试捏塑造型复杂的器物。

解决方法①：

在捏塑时，要重视对力度的把握。力度把握不当，会导致坯体上厚下薄。

底部太薄，会因为支撑力不足导致坯体塌陷，也可能会出现开裂变形的情况。

因此，在捏塑时要控制力度，使其上薄下厚，整体造型匀称。

上半部分过重导致塌陷

上厚下薄导致坯体变形

解决方法②：

在泥团干湿度适宜时，自下而上捏制。

部分造型需在坯体底部具有一定硬度后才可继续捏制。

泥板成型篇

常见问题1:

擀制的泥板
厚度不一致

擀制泥板时,很容易出现泥板表面凹凸不平的问题,出现这种情况的原因有很多。

例如,在擀制泥板前未将泥巴揉至均匀使其干湿度一致;或是擀制泥板时用力不均匀,用力大的地方泥板较薄,用力小的地方泥板较厚;也可能因为没有正确地使用擀泥工具等。

如果使用了厚薄不均的泥板制作器物,不仅不利于粘接,还会在烧成时导致器物开裂或变形。

小贴士:

擀制之前需要清理掉擀泥杖和桌面上的泥巴残渣。

用力不均使泥板不平整

解决方法①:

先充分揉制泥巴,使其干湿、软硬度均匀后,再置于平整的台面上进行擀制。擀制泥板时要注意用力均匀。

解决方法②:

擀制泥板时,可将两条木制导轨放在泥团两侧,注意导轨之间的距离应在擀泥杖长度范围内。

通过木制导轨的高度限制,可以使得泥板厚薄一致,表面平整。

使用木制导轨

将擀制的泥板翻面

解决方法③:

在擀制过程中,需给泥板翻面,使泥板正反面受力均匀,避免翘边。

常见问题2：

泥板干燥过程中翘边

擀制完成的泥板在干燥过程中，容易出现翘边的情况。

这是因为经擀制后，泥板的边缘区域变薄易干燥；而中心区域较厚干燥时间更长。

这会使得泥板因收缩程度不一致而产生翘边。

小贴士：

干燥过程中请勿将泥板放在太阳下暴晒，防止因干燥过快导致断裂。

解决方法①：

擀制时要将泥板多次翻面，正反擀制，使得泥板厚薄均匀，表面光滑平整。

翘边的泥板

用湿海绵擦拭泥板边缘

解决方法②：

可使用湿海绵或喷壶给泥板边缘补水，延长其干燥时间，达到泥板边缘和中心收缩速度统一的效果。

解决方法③：

如果泥板边缘已经翘起，可以用泥刀将翘起的部分割去，从而保证泥板整体的平整。

切除翘起部分

常见问题3:

泥板干湿度难以控制

如果使用了较湿的泥板制作器物，由于泥板过于柔软，会导致其支撑性不足，不仅不易操作，且会出现泥板塌陷、断裂或器物变形等问题。

若泥板较为干燥，柔韧性不足，在制作有弧度的器物时，泥板则容易在表面出现裂纹甚至断裂。

小贴士:

可以在泥板下方垫陶艺布，方便移动。

解决方法①:

在擀制泥板前，要充分揉制泥团，可有效避免后续开裂。

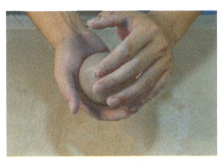

充分揉制泥团

解决方法②:

如果泥板过于柔软，可以将其放在木板上晾干。

在干燥过程中需给泥板翻面，使其正反面干湿度保持一致。

给泥板翻面

解决方法③:

如果泥板过于干燥，可给其表面均匀喷水保湿。

喷水的量要根据天气、空气湿度和泥板软硬度来调整，喷水后需用保鲜膜覆盖。

覆盖保鲜膜保湿

常见问题4:

泥板干燥过程中开裂

在擀制泥板时，泥板容易出现裂缝。

如果不及时处理，开裂区域会因泥板在干燥过程中的收缩而变大。

出现这种情况的原因是泥巴过于干燥，柔韧性较差，从而导致泥板在擀制时开裂或表面出现拉扯的裂纹。

小贴士：

泥板如果被放置于不平整的桌面上，也可能会开裂。

解决方法①：

要使用干湿度合适的泥巴进行擀制，且泥板正反面都要擀制。

擀制泥板

解决方法②：

泥板出现裂纹后，可以用湿海绵擦拭使其表面光滑。边缘出现裂缝时，需要及时用刀将边缘开裂区域切割掉，以防在干燥过程中裂缝变大，从而影响整块泥板的使用。

用湿海绵擦拭泥板

解决方法③：

泥板在干燥过程中出现裂缝，可能是因为保湿不到位。

在晾干过程中，要及时将泥板翻面，并观察其干湿度变化，必要时适当补水以保湿。

泥板保湿

常见问题5:

泥板粘接处开裂

在粘接泥板时,粘接处容易在干燥后出现裂纹。

这是因为泥板过于干燥,泥浆涂在粘接处时,泥板吸收了泥浆中过多的水分,使泥浆丧失吸附性,导致两块泥板之间不易粘接。

泥板粘接处开裂

解决方法①:

要注意泥板的干湿度,过于干燥时要及时补水。当泥板干湿度合适时,需将粘接处用工具剐蹭粗糙,再将泥浆均匀涂抹在粘接处。

在粘接泥板时,可以稍用力按压泥板,待粘接处干燥后将多余泥浆清理掉。

调制泥浆

解决方法②:

如果裂痕是器物在粘接完成后的干燥过程中出现的,则可以用陶艺工具进行补救。

例如,使用竹签沿着裂纹的缝隙,将表面泥土按压到裂缝中。

使用工具填补裂缝

常见问题6:

泥板烧成后出现开裂、塌陷或炸裂

器物在入窑烧成后出现开裂、塌陷或炸裂等问题时,很可能是制作时出现了失误。

所以需要在烧成前对坯体进行检查,比如观察坯体有无裂纹、是否干燥充分、造型是否合理等。

小贴士:

在正式烧成前,可以先进行素烧,素烧不仅能够增强坯体强度,便于后续上釉等工序,还能提早发现有问题的坯体,避免更大的损失。

解决方法①:

在制作前要考虑到在高温烧成的条件下,作品是否会发生开裂、变形等问题。如果作品不能承受高温状态,可以通过削减泥巴、优化作品造型来提高烧成的成功率。

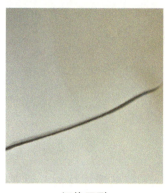

坯体开裂

出现细小裂痕

解决方法②:

完成素烧后,可以使用扫灰笔给作品表面扫灰,或用海绵蘸取少量水给作品表面补水。

此步骤可以去除灰尘,抚平表面不平整的纹路,也可以帮助制作者发现细小的裂痕。

解决方法③:

若在检查作品时发现了裂纹,可以用竹签沿着裂纹缝隙将表面泥土按压下去,再用泥浆填补空缺。

填补裂纹

常见问题7:

泥板边缘出现细小裂纹

切割擀制好的泥板时，泥板边缘会因为割泥刀的拉扯出现小裂纹。

发现后应该及时处理，否则泥板的边缘会变得脆弱，从而导致泥板边缘易剥落、不易粘接等问题。

若未及时处理，作品在烧成时，泥板边缘的裂纹也会继续扩大，导致制作失败。

解决方法①:

在切割泥板时要选择锋利的割泥刀，下刀时刀身应垂直向下。

在切割的过程中应缓缓用力，防止用力过猛，使泥板出现暗伤。

切割产生开裂

切割较硬的泥板时，可以湿润切割区域或多次来回切割。

使用湿海绵擦拭边缘

解决方法②:

在完成切割后，泥板边缘有可能会出现裂纹，这时可以用海绵蘸取少量的水来擦拭泥板边缘，将有裂纹的区域擦拭平整。

解决方法③:

若被切割区域的泥板边缘开裂和破碎情况较严重，也可以用割泥刀再次对泥板边缘切割修整。

常见问题8:

泥板难以和操作台面分开

擀制时用力过度或泥巴太湿，泥板容易与操作台面粘连。

粘连后的泥板不易被翻面和移动，从而给后续工作造成阻碍。

泥板粘连在台面上

解决方法①:

在擀制泥板前，可以在泥巴的下方垫上纸张，使泥巴与台面之间有间隔，防止粘连。

在泥板的下方垫纸

解决方法②:

在擀制时要合理控制泥板的干湿度，不让泥板过湿。

控制泥板的干湿度

泥条成型篇

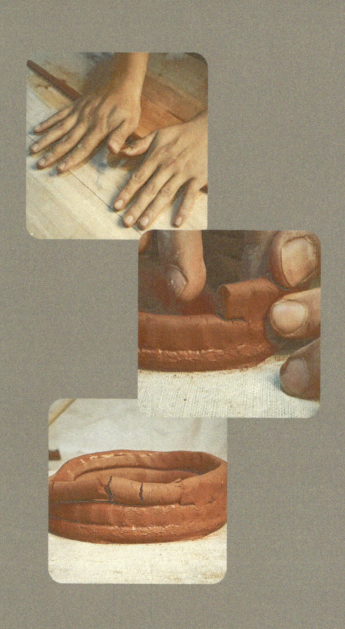

常见问题1：

> 盘筑时难以控制造型

在泥条盘筑时，初学者对造型的把握需要多加练习。

泥条粗细不均，底部泥巴过湿等问题都会导致器物变形、开裂，从而影响整体造型。

因此，制作者要注意搓泥条的手法，调整泥巴的干湿度等。

解决方法①：

在泥条盘筑前，首先要学会制作泥条的手法。

应该用手掌搓制泥条，避免用指关节搓制导致泥条粗细不均。

制作粗细均匀的泥条是盘筑成功的第一步。

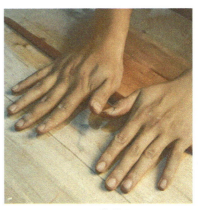

使用手掌搓制

解决方法②：

在泥条盘筑过程中，需要注意观察已盘筑部分的干湿度。

如果底部的泥巴过湿，需要静置一段时间进行阴干。

阴干坯体

同时，也需要在泥巴干燥前把大致造型调整好，避免干燥后难以塑型。

常见问题2:

盘筑时出现塌陷

在泥条向上盘筑的过程中,如果没有提前设计支撑部分,就会容易出现塌陷、造型不准确等问题。

解决方法①:

在设计造型时,就要确定好做支撑的位置。

常用的支撑物是纸团或者泥团。纸团一般放在器物内部做支撑。在烧窑时,纸团会随着温度的升高而烧成灰,所以不会影响器物本身。也可以用泥巴制作成小泥球或者泥块,再把泥球(泥块)叠加在一起做支撑。泥球(泥块)不能做得太大,避免烧窑时炸裂。

使用泥球(泥块)做支撑

解决方法②:

随着温度的升高坯体会逐渐变软。因此,要设计合理的造型,增强器物的稳定性,以提高作品成功的概率。

设计合理的造型

常见问题 3:

泥条粘接处开裂

盘筑时,泥条粘接处如果出现开裂,一般是因为泥浆过稀或过干导致黏度不够,无法使泥条之间牢固粘连。

解决方法①:

在泥条盘筑前,需要调制泥浆。泥浆的浓稠度直接决定了泥条与泥条之间的牢固性。

制作泥浆的方法是:

浓稠度适合的泥浆

把干燥后的泥巴研磨至粉末状,少量多次加水不断搅拌,再局部涂抹试用,直至泥浆浓稠度合适。

解决方法②:

盘筑泥条时,在泥条之间涂抹泥浆后可以进行适当按压,使泥条之间粘接更牢固,避免出现裂缝。

a.揉制平整稳固的　　b.粘接处涂抹泥浆　　c.盘筑泥条
　　底盘

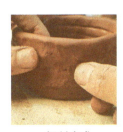

d.适当按压粘接处　　　　e.捏制完成

盘筑泥条的正确步骤

常见问题4：

盘筑时坯体底部干燥过快

泥条盘筑常常需要耗费较长的时间，最先盘筑好的底部往往率先干燥，导致各部分之间无法粘接、出现裂缝等。

解决方法①：

在泥条盘筑时，可使用喷瓶给坯体表面喷水并用保鲜膜进行覆盖，使坯体各部分干燥速度一致。

在需要继续盘筑的部分继续喷水保湿，保持泥团湿润度。

在已完成的部分覆盖保鲜膜，避免其干燥过快。

使用喷瓶给坯体补水

解决方法②：

盘筑过程中需要使已完成的部分干燥以增强其支撑性，但不能过于干燥。

在已完成的部分阴干后，打开覆盖在上面的保鲜膜。如果发现其过于干燥，就需要用喷瓶对其表面进行补水，让其保持湿润，以便继续盘筑。

常见问题5：

泥条表面开裂

泥条盘筑时，若泥巴过于干燥，就容易因其自身韧性不足而导致搓制的泥条开裂。

小贴士：

相比于瓷泥，陶泥韧性更好，不容易开裂。

解决方法①：

在泥条盘筑前，首先得判断泥巴的干湿程度，需要用干湿度合适并且韧性良好的泥巴。

泥条出现开裂

解决方法②：

在搓完泥条后，如果发现泥条因过度干燥而产生裂纹时，可以用海绵蘸水擦拭泥条表面，抚平裂纹。

用湿海绵擦拭泥条补水

解决方法③：

在泥条盘筑时，尽量不提前搓制过多泥条，避免其水分蒸发导致干燥开裂。

如果泥条制作得过多，则要进行保湿处理。可以把泥条放进保湿箱或用保鲜膜覆盖。

用保鲜膜覆盖泥条保湿

常见问题6:

泥条粗细不均

泥条盘筑时,最容易出现的问题就是泥条粗细不均。

这会导致泥条之间粘接不牢固、作品变形等问题。

解决方法①:

要用手掌心均匀发力搓制泥条,避免用指关节搓制。因为用指关节搓制时,关节的印记会留在泥条上,很容易导致其粗细不均。

粗细不均的泥条

解决方法②:

搓制完的泥条,可以截取粗细均匀的中间部分进行盘筑,避免使用粗细不均的两端部分,从而影响盘筑效果。

粗细均匀的泥条

常见问题7:

盘筑泥条时底部泥巴过湿导致变形

在泥条盘筑过程中,如果盘筑速度过快并且未采取干燥底部的措施,则坯体很容易在盘筑后期发生变形。

解决方法①:

当盘筑一段时间后,需要使下方泥巴干燥以增强其支撑性,避免作品变形。

但也要注意不能让泥巴过于干燥,以免各部分间粘接不紧密,产生开裂。

泥巴过于干燥导致粘接不紧密

解决方法②:

泥条盘筑时,如果泥巴过湿,可以选择用纸团或者泥团做支撑。方法同本章常见问题2所述。

常见问题8：

泥条成型干燥过程中开裂

在泥条成型干燥的过程中，为了增强底部的硬度利于盘筑，可采用一些方法辅助干燥。如将泥条放在太阳底下暴晒，用电风扇或者热风枪使坯体干燥等。

在使用以上方法时，如果未控制好干湿度，则会导致坯体在干燥过程中开裂。

解决方法①：

将坯体放在阴凉处，使其自然阴干，延长其干燥时间。

如果部分泥料干燥得过快，导致坯体整体收缩不均，则需要给干燥

干燥速度过快导致坯体开裂

过快的部分及时补水，使坯体整体干湿度一致，防止在干燥过程中产生开裂。

解决方法②：

如果需要使用热风枪等加速坯体干燥，可以把坯体放在转盘上，边转动转盘边用热风枪均匀施热，使坯体各部分收缩速度一致，防止开裂。

解决方法③：

如果坯体在干燥过程中已经出现开裂现象，可以使用陶艺工具进行补救。如使用竹签沿着开裂的缝隙将表层泥土按压进去，再用泥浆填补。

使用陶艺工具修补裂缝

常见问题9：

泥条成型烧制过程中开裂

泥条成型烧制过程中的开裂往往是因为在干燥过程中没有控制好坯体干湿度导致的，如使用外力使坯体干燥速度过快等。

小贴士：

取出器物时记得戴好隔热手套。

解决方法①：

正式烧成前，需要先进行一次素烧。经低温素烧后的坯体会具有更好的强度。上釉时，素烧过的坯体吸水性也会更好。

素烧前和素烧后，都需要仔细检查坯体有无裂缝，防止烧制过程中开裂。

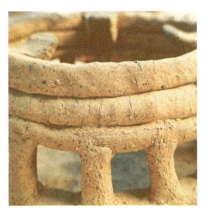

烧制过程中开裂

解决方法②：

在烧成时，窑炉要设置好合适的升温曲线。

天气较冷时，窑炉设置的初始温度要与当天温度一致，以免升温过快对坯体造成损害。

同时，降温时要自然降温，降到接近室内温度时才可打开窑门。

段	1段	2段	3段	4段	5段	6段
温度℃	90	140	300	680	900	1200
分钟	30	60	50	80	80	240
功率	100.0	100.0	100.0	100.0	100.0	100.0
段	7段	8段	9段	10段	11段	12段
温度℃	1230	1240	1240	0	0	0
分钟	40	30	30	0	0	0
功率	100.0	100.0	100.0	0.0	0.0	0.0

设置合适的升温曲线

拉坯成型篇

陶艺指南针

常见问题1：

拉坯成型时难以找到中心

找中心是拉坯成型中必不可少的一个步骤，目的是让泥团均匀地分布在转盘上并保持内外干湿度一致。

如果中心找得不准确，会导致制作的坯体形状不规则甚至拉坯失败。

小贴士：

(1)进行长时间拉坯前,可以在左脚垫一块和踏板相同高度的物体以帮助矫正臀部及脊柱的位置,避免因长时间拉坯导致的肌肉酸痛。

(2)发现手臂难以稳定时,可以将手臂支撑在大腿上,由大腿发力稳定住手臂。

解决方法①：

正确的坐姿可以提升手臂的稳定性，增加手臂施加给泥团的压力。下面介绍正确的拉坯姿势：

正确的拉坯坐姿

面朝拉坯机坐下，左脚撑住地面，右脚踩住控制器踏板。将拉坯机转盘放置在两腿之间，两腿呈60度角打开，两肘自然抵住大腿内侧起到稳定手臂的作用。

腰部挺直，身体稍向前倾，通过身体重心的前移获得更大的手臂力量来帮助自己快速找到中心。

解决方法②：

在找中心之前，可以先将双手打湿轻轻地放在泥巴上，让电动转盘缓慢转动起来，用手掌感受泥团比较突出的几个位置并将其拍打平整，尽可能让泥团变成表面圆滑的锥体，这样可以避免因为泥团表面起伏过大导致泥团旋转时手掌难以固定的情况。

用手掌均匀拍打泥团

解决方法③：

在找中心的过程中，需要反复地提高、压低泥团使其内部质地更加均匀。

如果出现了难以将泥团提高、压低的情况，则有可能是手掌发力的位置不对。

提高泥团时，应当用两掌的小鱼际肌相对发力，向中心挤压泥团，在均匀的压力下泥团会慢慢地变高。

小鱼际肌

到达一定高度后则需要两个大拇指相叠并用大鱼际肌向前推动泥团顶部。

泥团倾斜后，随着电动转盘的转动其高度会自然变低。

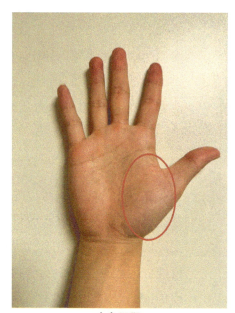

大鱼际肌

常见问题2:

拉坯机转速控制不当

拉坯时需要在不同阶段调整转盘转速,例如:

刚开始找中心时需要使用中速以便控制泥团;当反复提拉、下压时则需加速,这样可以提高找中心的效率。

对于新手而言,往往会因为使用了不恰当的转速导致一些失误。

常见的问题有:泥浆飞溅、泥团脱离转盘、提泥失败、转速过快无法收拢口部等。

泥团脱离转盘

解决方法①:

在刚开始找中心的时候需要先湿润双手和泥团,并给拉坯机一个缓慢的速度,接着用双手轻轻贴合泥团并慢慢修整形状。

待泥团表面平整后可以适当加快转速并增加手臂施加的压力,以达到更快速地提高和压低泥团的效果。找到中心以后可以保持稳定的中档速度进行取泥和开口的动作。

在拉薄器壁的过程中,应该降低拉坯机的转速并保持手臂的平稳提升。

最后将制作好的坯体从泥团上取下的时候,需要调试转盘转速,先加速再减速,最后用割线割断制作好的坯体的瞬间立即停止转盘转动。

使用割线取下制作好的坯体

解决方法②:

尝试拉坯前,先充分感受并熟悉踏板与转速之间的配合。待熟悉转速控制技巧后,可以再继续细化挡位。

久而久之对转速的控制会变得得心应手。

熟悉转速控制

常见问题3:

泥团内外干湿度不一致

　　许多初学者由于无法快速找到中心,在此步骤会花费较长的时间,因此会不断地加水润滑手掌。

　　这会导致泥团表面过于湿润,内部仍然干燥,从而使内外干湿度不一致。

解决方法①:

　　在找中心的时候应当尽可能地拉高和压低泥团,此步骤需重复3至5次。

　　这样可以使得泥团内外干湿度保持一致。

将泥团拉高

解决方法②:

　　要掌握检测泥团内外干湿度是否一致的方法:

　　(1)用手指轻轻地戳泥团,如果开始时比较柔软后续逐渐变硬,则表明内外干湿度不一致。

切开泥团观察其内外干湿度是否一致

　　(2)使用割线切开泥团的一部分来检测内外干湿度是否一致。

解决方法③:

　　如果泥团放置太久并且没有得到充分揉制,外部会率先干燥,这会使得在定中心时难以控制泥团形状。

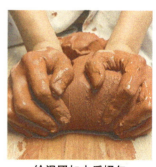

给泥团加水后揉匀

　　因此,在拉坯前要检查泥团状态,过干的泥巴可以加水后充分揉匀。

常见问题4:

拉坯时泥巴过软,难以塑型

初学者由于不能快速找到中心,在此过程中会不断加水湿润手掌拍打泥团。

泥团因吸水过多变得过于柔软,难以塑型。

解决方法①:

想要避免这种情况,需要控制在找中心阶段的用水量。

当手掌感觉到较大摩擦时,应当先聚拢转盘上的泥浆来润滑手掌,减少用水量。

使用转盘上的泥浆湿润双手

解决方法②:

当泥团过于柔软无法成型时,应当及时停止拉坯,用割线取下泥团。

此时,可以加入一些较干燥的泥巴并充分揉制。揉好的泥团放置一段时间,便可以继续用来拉坯。

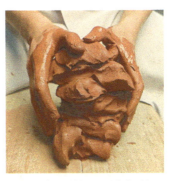

加入较干的泥巴重新揉制

常见问题5:

坯体底部开裂

制作好的坯体取下后,如果没有及时清理掉内部的积水或者泥浆,则底部泥巴含水量较高,干燥速度较慢,会造成坯体底部开裂。裂纹通常呈"Z"字形或"一"字形。

另一种情况是,由于坯体底部较厚,导致内外收缩速度不一致,发生开裂现象。

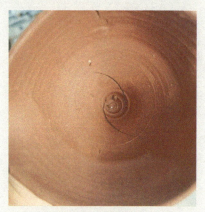

坯体底部开裂

解决方法①:

想要避免这种情况,需在拉坯的最后阶段,用海绵吸收掉存留在坯体底部的积水与泥浆。

用海绵吸掉底部多余水分

解决方法②:

在取下坯体的时候,应该尽可能削减坯体底部的厚度,并放置在阴凉处缓慢干燥,避免因干燥收缩速度不一致引发开裂。

解决方法③:

将取下后的坯体放置在保湿箱内,延长其干燥速度,避免因干燥速度不同而导致底部开裂。

常见问题6:

器物在提拉的过程中发生变形

在将坯体拉薄的过程中,应该保持拉坯机转盘的匀速转动,并且控制手指施加的压力。

许多初学者由于没有熟练掌握提拉技巧,常常会在这个阶段出现失误,导致坯体变形,如出现口沿部分一边高一边低的情况。

提拉时变形

解决方法①:

单手提拉法:用右手的两根手指进行提拉,左手可以在旁进行辅助。这种提拉方式简单直接,便于掌握,但是仅适用于较小的器型。具体手法如下:

将左手食指、大拇指呈C字形轻轻扶住坯体外侧,同时用右手大拇指贴合坯体内侧,中指贴合外侧,由底部开始发力。

单手提拉法

随着拉坯机转盘的转动,右手两指匀速地向上提拉。在靠近口沿时减少手指力量,避免因摩擦力太大导致口沿变形。

解决方法②:

双手提拉法:相较于单手提拉法,适用于较大的器型,并拥有更快的提拉效率。具体手法如下:

首先,将左手中指放到坯体内侧,贴住器壁的底部。再将右手中指放置在坯体外侧,两中指轻轻相抵,其余手指可用于辅助稳定中指。

双手提拉法

当感觉到手指相抵后,可以随着转盘的旋转慢慢地施加压力,并匀速向上提拉。这里需要注意手指的稳定和力度的均匀,以免出现提拉不均的现象。

常见问题7：

作品烧成后出现坯泡

坯泡是指坯体中含有的气体没有充分排出而导致坯体表面鼓包的现象，通常会影响到器物的美观和实用性。

坯体中夹有气泡会导致烧成时出现变形、翘皮、开裂等现象，若气泡较大则有可能会使坯体在烧成时发生炸裂。

通常来说，成品泥巴不会存在含有气泡的情况，但是回收泥巴再次利用时便会遇到这样的问题。

烧成后出现坯泡

解决方法①：

为防止气泡产生，可以用割线切开泥巴检查一下切面有无气泡，如果有则需要反复揉泥团。

如有大量泥巴需要回收再利用，可以使用炼泥机。

用割线切开泥团
检查是否出现气泡

解决方法②：

不正确的揉泥方式也会导致坯体夹有气泡。

揉泥的主要目的是将泥巴混合得更加均匀，同时挤压出泥巴里多余的气泡。但是错误的揉泥方式往往会适得其反。所以揉泥时要注意手法，不可将泥巴大角度地翻折、堆叠。

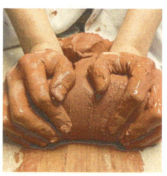

充分揉泥

常见问题8:

拉坯成型作品烧成后变形

碗、杯、碟这类器型追求工整精美,但初学者往往会遇到烧成后变形的问题。

这一般是因为器物内部支撑不足导致的。

在设计器型时,就应当考虑到坯体底部是否有足够的支撑性。

烧成后变形

解决方法①:

在拉坯时要注意保持坯体上薄下厚的造型。因为坯体下半部分承受的重量更多,所以较厚的底部有更多的承托力,可以降低变形概率。

上薄下厚的标准器型

解决方法②:

如果烧成后发现出窑的大部分作品都发生了变形,则窑炉烧成温度可能过高了。

一旦窑内温度超过了泥料的正常烧成温度,坯体就有可能因为支撑不足而产生变形。所以,要根据实际情况,设置合适的烧成温度。

常见问题9：

拉坯作品烧成后开裂

导致烧成后出现开裂的因素比较多，多为坯体造型不合理所致。

不合理的坯体造型会导致局部的拉扯力过大，从而产生开裂。

烧成后出现开裂

解决方法①：

在设计坯体造型时，应当避免比较夸张的造型，保证坯体底部面积足够大，可以起到比较好的支撑作用。

合适的坯体造型剖面图

解决方法②：

有时看似造型稳妥的坯体烧成后也出现了开裂，根据其成因一般有以下解决方案：

第一，在制作坯体的过程中发生了磕碰，虽然没有出现明显的裂痕，但是坯体内部已经损坏。在高温烧制的过程中，坯体的裂缝会逐渐变大。因此，要避免在制作过程中发生磕碰。

第二，不合适的釉料也会使得坯体开裂。有些釉料在流淌的过程中会产生比较大的牵扯力，如果坯体本身比较脆弱则可能出现开裂。

因此，要选择合适的釉料，并仔细检查制作完成后的坯体。

仔细检查完成后的坯体

常见问题10：

修坯时坯体脱离转盘

陶艺制作的初学者在修坯时常常会遇到坯体脱离转盘的问题。

如果未能及时停止转盘，坯体就会因为离心力飞离转盘，从而导致精心制作的坯体损坏。

坯体脱离转盘

解决方法①：

可以使用泥条将坯体固定在转盘上。将坯体放置在转盘中央，用搓好的泥条围在坯体周围，并用手指将泥条压实在转盘上。

这种办法比较简单快捷，但缺点是器物的口沿部分因为有泥条的围绕，无法用修坯刀进行修整。

用泥条围绕坯体

解决方法②：

打湿坯体口沿处，也可以使坯体固定在转盘上。

先将坯体放置在转盘中央，后用蘸水的毛笔将坯体与转盘接触的地方打湿。

稍微干燥后坯体就会粘连在转盘上。此时还可以用刮片进一步压实接触部位，让坯体更加牢固地固定在转盘上。

用毛笔打湿接触部分

常见问题11:

修坯时跳刀

在修坯的过程中，修坯刀在坯体上有规律地跳动可以制造出精美的纹路，称为"跳刀"。

但是往往想要修出平整、光滑的表面时，也难以避免出现"跳刀"，这反而会损坏坯体表面。

平整表面时"跳刀"

解决方法①:

修坯时，可以尝试先用毛笔蘸水打湿坯体表面。

坯体表面湿润软化后可以有效减少跳刀的情况。

用毛笔打湿坯体表面

解决方法②:

加强手指的力度，可以更好地控制修坯刀。

稳住修坯刀以后将原有的跳刀纹路修平整。如果效果不佳，还可以调整修坯刀的角度以及与坯体的接触面积再次修坯。

使用修坯刀时需加强手指力度

常见问题 12：

取坯时发生变形

将坯体取下来时，往往会遇到取下即变形的情况，会使得后续的修坯难以进行。

对于这种情况，需要学习正确的取坯手势。

取坯时发生变形

解决方法①：

对于初学者来说，使用割线工具是最快捷的取坯方式。

完成拉坯后可以先在坯体底部预留一个约 2 厘米厚的底足。

使用割线取坯

随后拿出割线工具轻轻地切入底足，保持稳定，让拉坯机转动一周后坯体就被切断了。

此时再用手指掐住较厚的底足将坯体取出即可。

解决方法②：

当熟练掌握了割线取坯后，可以尝试用手指取坯。

首先，预留出 2 厘米厚的底足，手心向上，左手呈剪刀状夹住坯体底部，右手食指轻轻地挤压坯体底部，直到坯体从泥团上脱离下来。

手指取坯

常见问题13：

拉坯时难以控制器皿造型

在将坯体拉高后，初学者往往很难将坯体塑造成自己心仪的造型。

主要原因是没有掌握正确的手法。

坯体塑型时发生变形

解决方法①：

学会拓宽坯体造型的手法。先将左手食指放在坯体内部，右手食指轻轻贴合住坯体外侧。

两手指轻轻相抵，左手食指将坯体器壁向外推，右手手指在外侧辅助。

拓宽坯体造型的手法

拓型的幅度不宜过大，应当采用幅度小而次数多的方法来塑造理想的形状。

解决方法②：

学会向内收拢坯体的手法。先检查一下坯体展开的幅度。如果坯体口沿展开的幅度过大，则无法进行坯体的聚拢。展开幅度可以收拢时，再将坯体外部打湿，两手掌心朝向坯体，轻轻地将坯体捧在手心。

当感觉坯体已经完全贴合手掌后，可以出底部向上向内发力，以较小的力度收拢坯体。

向内收拢坯体的手法

烧成篇

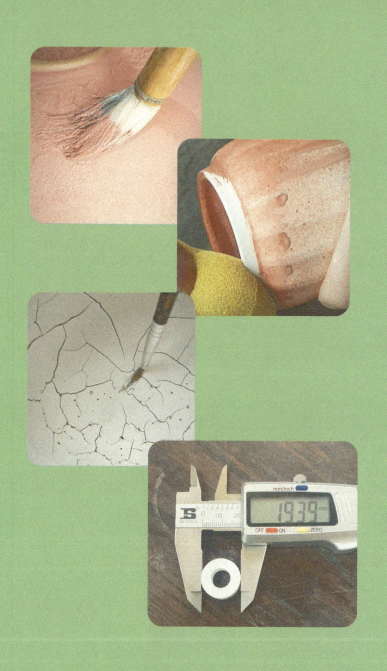

常见问题1:

缩 釉

作品表面出现凹陷的无釉面,称作"缩釉"。

产生这种现象的原因实际上出现在不同的步骤中:

在上釉前坯体表面有粉尘、油污等杂质;喷釉过厚、过薄或喷釉太快导致釉料与坯体结合效果差;釉料在高温烧制后融化、流动,导致烧成后的陶瓷表面出现无釉部位。

缩釉现象

小贴士:

上釉前应提前制作釉料的试片,根据釉料的试片效果控制釉料的厚度。

解决方法①:

因为灰尘会影响坯体与釉料融合,所以在上釉前要用毛刷对坯体表面的灰尘进行清理,然后再用海绵蘸取少量的水清理坯体表面的凹痕,减少缩釉概率。

清理坯体表面

解决方法②:

喷釉过快,坯体过于湿润

在上釉时,若坯体吸附过多釉料将导致坯体潮湿,此时需要停止上釉,待坯体稍微干燥后再进行,从而防止喷釉过快导致坯体和釉料融合的效果差。

解决方法③:

在上釉完成后,把作品放入窑炉前,还应当检查作品的表面是否有釉层开片或剥落现象。

若有这种情况出现,则需要使用毛笔蘸取少量的釉料对空白或裂缝处进行填补。

填补釉面

常见问题2：

粘　板

烧窑时器物上的釉料可能会因为流动而粘住硼板，这说明制作者对所上釉料的特性不够了解。

在烧不同种类的釉料时，需要根据每一种釉的特性采用不同的上釉方法。

想了解某款釉的特性，需要针对此釉料制作对应的试片。

再根据烧成的釉料试片分析并倒推出所需要施釉的厚度，以及海绵需要擦拭的部分，避免釉料粘板使作品受损。

釉料粘板

解决方法①：

若釉料的流动性过大，要控制釉料附着在作品上的厚度，不要喷得过厚。

在作品的上半部分多喷釉，下半部分可以减少喷釉的厚度。

多在作品上半部分喷釉

解决方法②：

当试片显示釉的流动性较为稳定时，则可以根据试片时的釉料厚度上釉。

制作试片

解决方法③：

在作品喷完釉后，一定要用海绵将作品与硼板接触部分的釉料擦拭干净。在不破坏作品效果的情况下，对于流动性大的釉料可以尽量向上擦拭。

擦拭底部

常见问题3：

落 渣

作品烧制完成后，表面出现落渣现象，可能是以下因素造成的：

（1）烧窑前有灰尘落在作品表面，未能及时发现并清理；

（2）作品放入窑内时未清理上层硼板，导致有灰渣落在作品表面；

（3）其他制作者未规范操作导致炸窑，产生的碎片落在作品上等。

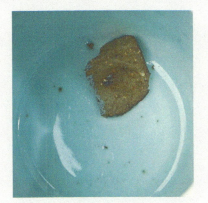

其他作品的碎片溅入

解决方法①：

在给作品上釉前，以及烧窑前，需要仔细检查坯体表面或者釉面是否有杂物或粉尘，若有则可以轻轻吹走。

扫 灰

若还是难以清除，在不破坏釉面和坯体的情况下，可以用毛笔将杂物或粉尘轻轻扫去。

解决方法②：

为了避免硼板落渣，可以用海绵擦拭硼板，扫除硼板上的粉尘。

用海绵擦拭硼板

解决方法③：

作品在入窑前，应严格检查一遍，防止有操作不规范的作品入窑烧制，从而造成严重的后果。

常见问题4:

釉面"橘子皮"状、颜色较淡

作品烧成后,釉面呈现凹凸不平的"橘子皮"状,出现釉面的颜色较浅或缩釉不美观等现象,可能是因为在上釉或烧窑时操作不当。

可以通过观察上釉后的坯体表面分析问题所在。

若釉面凹凸不平,一般是因为施釉方法不当导致釉面过薄。若釉面平整仍出现上述现象,则是因为坯体中的气泡被釉层封住,而烧成时的升温和降温过快导致气泡在排出时破坏了釉面。

釉面呈"橘子皮"状

解决方法①:

根据釉的特性,可以适当增加釉料的厚度,防止釉面过薄。

控制喷釉厚度

喷釉过快

解决方法②:

当釉面凹凸不平时,应在喷釉时调整喷枪的气流强度,并适当增加喷枪与坯体的距离,避免喷釉过快。

解决方法③:

烧窑时可以适当放慢烧成的速度,也可以延长保温时间。

常见问题5:

积 釉

如果烧成后的器物底部有较厚的积釉层,或器物内部因积釉过多,而产生气孔和釉泡等,则是因为器物附着的釉料过厚。

烧窑时,器物表面釉层会融化,并流向器物底部,从而导致积釉。

积釉有可能造成作品粘板、釉面开裂等问题。所以在上釉前要多做试片。

解决方法①:

在给器皿荡釉或浸釉前,可以用湿海绵或毛笔蘸取少量的水,对器物的底部或容易积釉的区域进行擦拭,以增加积釉区域的湿度,降低釉料吸附的厚度。

使用湿海绵擦拭补水

多给作品上半部分喷釉

解决方法②:

给器物喷釉时,可以减少给器物底部的喷釉次数,增加其上半部分的釉层厚度。这样就可以防止器物烧成时釉层流动导致的积釉情况。

解决方法③:

如果无法把握某种釉料的特性,可以选用釉色相近,但流动性较小的釉料代替。

相近的釉色

积 釉

常见问题6：

釉 泡

如果在坯体未充分干燥时上釉，会因为坯体吸水性差，导致釉层与坯体之间结合效果不好。

同时，坯体在吸收水分的同时也在排出气泡，但因为釉层的覆盖，气泡无法排出，从而导致气泡滞留在了釉层和坯体之间，产生釉泡。

釉 泡

解决方法①：

在上釉时，需对较湿的坯体进行烘烤或让其自然阴干，待坯体干燥后再喷釉。

喷釉时不要急于求成，坯体表面较湿时应及时停下，等坯体干燥后再喷釉。

烘干坯体

解决方法②：

当釉面出现少量釉泡时，可以用手轻轻按压，再用毛笔蘸取少量的釉料涂在按压过的釉面上。

常见问题7：

釉面剥落

喷釉过程中，如果釉面大面积开裂剥落，是因为在上釉时一次性喷釉量过多且釉料分布不均匀，或是因为坯体干湿度不当，导致坯体和釉料结合效果差。

另外，坯体在干燥过程中的收缩率与表面釉层的收缩率不同，产生的拉扯力会使釉面开裂剥落。还有可能因为釉的流动性较小，与坯体融合效果差，烧成时产生缩釉从而造成开裂剥落，严重的可能出现炸窑等情况。

釉面剥落

解决方法①：

上釉时应该保证釉料厚薄均匀。当坯体过干时，可以补水适当增加坯体湿度，防止坯体吸釉过快而导致的釉层开裂剥落。

检查坯体

当坯体过湿时，要等坯体干燥后再上釉。

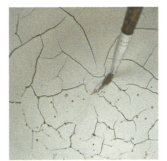

填补釉面

解决方法②：

当坯体表面还是有少量裂纹时，可以用毛笔蘸取少量釉料，填补裂纹。

解决方法③：

如果釉层大面积开裂，但选用的釉料是流动性强的釉料，则可以在高温融化釉料后将裂缝填补平整。

釉面开裂

常见问题8：

坯体局部难以上釉

在给造型较为复杂的作品喷釉时，因为釉料随气流均匀喷出，会无法覆盖作品的死角处。

若没能及时处理，会产生缩釉和作品表面颜色不一的现象，使作品出现瑕疵。

坯体局部未被釉料覆盖

小贴士：

在喷釉时，一定要注意戴好口罩或工业面罩，因为釉料含有金属等有害物质，在近处旁观学习时也需要做好保护措施。

解决方法①：

在喷釉前，可以架高转盘的高度，这样可以朝上喷釉，釉料便可以更均匀地附着在作品表面。

改变喷釉角度

解决方法②：

喷釉时，遇到作品较狭窄的死角处，可以将喷枪口贴近再继续喷釉。

局部喷釉

解决方法③：

当坯体上有不易上釉的区域，可以将釉料倒入容器中，加入少量清水稀释，然后用毛笔蘸取釉料多次涂在作品表面，防止釉料过厚，发生积釉的情况。

毛笔补釉

常见问题9:

釉面有针孔和裂纹

在给器物上釉时,如果采用浸釉或荡釉的方法,釉层的表面有可能出现小裂纹和针孔。

产生裂纹是因为坯体与表层釉料的收缩速度不一,两者互相撕扯所致。

出现针孔是因为在上釉的过程中,坯体的气泡排出过快。

若釉的流动性较大则不必担心,因为釉的流动会去填补釉面缝隙和缺陷。

若釉的流动性较小,则需要对釉面进行修整。

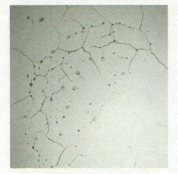

釉面有针孔和裂纹

解决方法①:

用喷釉代替浸釉,减少釉面裂纹和针孔的出现。

浸 釉

解决方法②:

当釉面出现针孔和裂纹时,可以先在容器中加入釉料,再加入少量的水稀释。用毛笔少量多次地蘸取稀释后的釉料,涂抹在器物釉面有针孔和裂纹的地方,并将填补后凸起的地方打磨平整。

稀释釉料

常见问题10：

烧成后坯体开裂

在给作品上釉时，一定要注意器物的造型结构是否合理。如果器壁较薄，结构强度不够，加之釉层较厚或流动性较大，作品就容易因坯釉之间的收缩拉扯出现变形或发生器壁开裂等现象。

小贴士：

只有完全干燥的器物，才能放入窑中素烧，以防止素烧时升温过快，出现坯体损坏。

解决方法①：

可以先将坯体放窑中进行素烧。

经过素烧后的坯体，拥有更好的强度和硬度，坯体的吸水性也大大提高，方便在上釉时能吸附足够的釉，提高成瓷效果。

素　烧

解决方法②：

在上釉前，需检查坯体是否符合烧成条件。

可以适当降低升温速度，并且延长烧制后的保温时间，防止降温过快导致开裂。

延长保温时间

解决方法③：

可以将流动性较大的釉，换成有类似效果的且流动性较小的釉进行喷制。

常见问题11：

坯体吸水性较差

上釉时，需观察坯体干湿程度。

如果坯体过于湿润，可能导致器物表面吸附不了釉，产生变形、开裂等问题。

如果没有采取措施，可能在上釉时坯体就已经损坏，烧成后会因为吸附的釉不够多，而出现釉层凹凸不平或缩釉等瑕疵。

解决方法①：

可以先将坯体入窑进行素烧。

方法同本章常见问题10。

素　烧

解决方法②：

可以用毛笔分多次涂刷釉料。

每刷一次要等釉面干燥后再进行二次涂刷。

刷　釉

常见问题12:

坯体在烧成中塌陷

在开窑时,有时会发现作品已经完全塌陷成扁平状,且粘连在硼板上。

出现这一现象的原因有多种。

如果少数作品变形塌陷,是因为作品本身设计不合理,没考虑到烧成时作品所需要的支撑力,导致在烧窑时,器物过重的上半部分压塌了下半部分。

整窑变形则是烧窑时窑内温度过高,而泥巴本身所能承受的温度较低所导致的。

坯体塌陷

解决方法①:

在设计作品时,应该考虑到器物自身的支撑性,坚持"上薄下厚""上轻下重"等原则,以防止器物变形。

正确的内部结构

解决方法②:

可以使用耐高温的泥,以降低坯体在高温烧成时的变形概率。这样便可以制作器壁更薄的坯体。

耐高温的泥料

解决方法③:

在烧窑的前期要多关注测温仪的升温数据,可使用测温锥等工具,防止因窑内温度过高而造成作品的损坏。

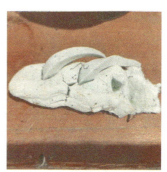

测温锥

常见问题13:

升温阶段作品开裂

升温阶段的开裂要从两方面来分析原因:

首先是坯的问题。坯体过厚,里面含有水分时,很容易发生开裂或变形;坯体在烧成前就有细小裂缝,随着温度的升高,裂缝也会逐渐扩大。

其次是窑的升温设置。升温曲线不合理,升温过快也会导致开裂。

升温阶段作品开裂

解决方法①:

在入窑烧制前,首先得进行一次素烧。第一次烧成温度要高于700℃,这个温度下结合水可以完全排出。

素 烧

在第一次烧成后,要仔细检查坯体表面有无裂缝,将有问题的坯体挑出,避免二次烧成时影响其他作品。

烧 成

解决方法②:

在570℃前的升温速度要慢,因为水分未完全排出。

而在570℃以后升温速度可以稍快。

这样可以保证升温时作品水分完全排出,避免升温阶段开裂。

常见问题14:

降温阶段作品开裂

在开窑后,若发现作品开裂,可以从坯体和窑炉这两个方面分析:

一方面是坯壁薄厚的问题。坯壁如果太厚,并且水分未干的情况下,在升温阶段容易产生开裂。

另一方面是开窑降温的问题。如果开窑后降温过快,冷空气进入窑内,容易让作品产生惊裂。

注意釉面厚度

解决方法①:

合理的坯体造型可有效降低开裂的概率。

较薄的坯体可能无法承受釉料流动时的拉力,从而导致开裂。

解决方法②:

在降温阶段,开窑前得等窑内自然降温,温度降到与室内温度差不多时,才可打开窑门,不能操之过急。

常见问题15：

整窑作品变形

烧制是陶瓷成型的最
后一步，同样也是最关键
的一步。烧制温度过高会
导致整窑作品变形。

解决方法①：

整窑作品出现
变形的概率是特别
小的，可以从材料
上找找原因。有些
泥巴是不耐高温的，
比如黑紫砂、红陶
泥等。

如果整窑的作
品都是不耐高温的
泥料，则需要把窑
的烧制温度调低。

不耐高温的泥料

解决方法②：

如果窑炉温控不准确，也会发生此类问题。
在烧窑前，可使用测温环或者测温锥测一下实
际窑温和仪表上的温度是否一致。若不一致，
需及时调整窑内温度。

整窑作品变形

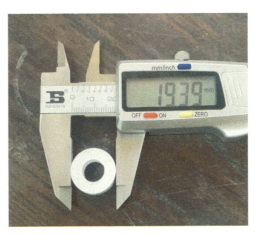

测温环

附录一　陶艺制作注意事项

　　陶艺制作过程中需要用到很多专业的设备，每个设备都有规范的操作流程。按照流程规范操作，可避免身体受到伤害，提高制作的成功率。同时，了解陶艺工作的特性，能够帮助我们更好地完成器物的制作。下面来介绍陶艺制作过程中的注意事项。

一、陶艺制作设备使用注意事项

（一）拉坯机使用注意事项：

1.使用前需先摘下项链、戒指等首饰，同时避免高速旋转的盘面刮伤身体；

2.使用时应将长发盘起，避免被泥团卷入；

3.修剪指甲，避免受伤；

4.避免穿裙装或有飘带的服装，以免被机器卷入；

5.避免水接触到电机、控制器。

（二）窑炉使用注意事项：

1.需由专业电工安装设备，注意用电安全；

2.避免用手直接触摸窑炉内石棉；

3.窑炉应放置于空气流通处；

4.取坯体时，应戴好隔热手套避免烫伤；

5.不要在窑炉附近放置易燃物品。

（三）施釉帘使用注意事项：

1.保持空气流通，不可在密闭空间内喷釉；

2.戴好口罩，有条件的可以使用面罩；

3.开启水帘以减少粉尘。

（四）炼泥机使用注意事项：

1.使用时应将长发盘起，并避免衣服被泥团卷入；

2.勿将手直接伸入机器，可用木棒代替。

（五）热风枪使用注意事项：

1.避免长时间对同一位置吹干，以免局部温度过高；

2.使用完毕切记要切断电源。

二、陶艺工具及原材料使用注意事项

陶艺制作过程中，我们会使用很多具有一定毒性的原材料，用于制作的工具也有一定风险，我们需要注意以下几点：

（一）喷釉时务必佩戴口罩，以免吸入大量的粉尘，对肺部造成不可逆转的伤害。有条件的情况下，还可佩戴工业级面罩。使用陶瓷色剂或金属氧化物时，需戴上手套，使用任何粉末材料时都要戴上口罩（面罩）。

（二）使用修坯刀和刻刀的时候要控制力道，避免误伤自己。尤其在修含有颗粒的坯体时，要避免坯体高速旋转时颗粒撞击修坯刀导致划伤手指。

（三）结束制作后，要及时洗手，清理指缝里残留的泥料。许多陶瓷原料具有一定的毒性，过量接触会对身体有所损害。禁止在陶艺制作场地进食，避免食入修坯和喷釉时产生的大量粉尘。

（四）穿具有防护性的衣物，尽量不要把陶泥擦在工作服上，因为干燥的残渣会剥落成为灰尘。注意定期清洗围裙和工作服。

（五）工作结束后，使用真空吸尘设备清洁工作台面和地板，同时清洗陶艺工具。

三、陶艺制作过程注意事项

在确保自己和设备安全的前提下，我们就可以自由地创作陶艺作品了。为了做出更好的作品，我们还需要注意以下几点：

（一）坯体具有一定硬度后，不要继续调整造型，避免发生开裂。

（二）坯体尽可能下厚上薄，以增强其支撑性，避免烧成开裂。

（三）坯体造型不可过于夸张，重心应保持在作品中心周围，悬空部位需要做好支撑。

（四）干湿不一致的泥板、泥条不可拼接在一起，会因为干燥后的收缩率不一致而发生开裂。

（五）不要让坯体局部干燥过快，局部快速干燥会导致收缩率不一致从而出现裂纹。应该让坯体自然阴干，有些把手、壶嘴的坯体还需要在保湿箱里进行缓慢干燥。

（六）在搬运没有烧成过的坯体时不可以直接拿取口部和把手。因为坯体强度较低，容易破碎。

（七）没有干透的坯体不可入窑烧制，应放置阴凉处，待缓慢干燥彻底后进行烧制。

（八）手指有油脂、粉尘时不要触摸坯体。

（九）没有素烧的坯体不可以浸釉、荡釉，应当使用刷釉和喷釉的手法。

（十）喷涂透明釉或浅色釉时，要确保釉壶里没有杂质。使用前后应当反复冲洗釉壶并避免混用。

（十一）在大批量制作器物前，应当先做试片查看烧成效果。

（十二）用釉料装饰前需清理坯体表面的粉尘。

（十三）釉料在使用前要充分摇匀，太久未使用的需要用筛网过滤。

（十四）器物的口和底足应制作得尽量圆润一些，可以降低磕碰中损坏的风险。

（十五）烧成前应当检查坯体有无裂缝，对于开裂情况不严重的坯体可以进行修复，较严重的应当放弃烧成，避免波及其他坯体。

（十六）使用流动性较大的釉料时，应当降低下半部分的釉面厚度避免粘连硼板。

（十七）窑炉在升温到300℃前可以稍微打开窑门让水分充分蒸发，以降低器物开裂的风险。

附录二　陶艺工具介绍

随着陶艺制作工艺的发展，出现了许多方便快捷的工具可以帮助我们解决制作中遇到的问题。下面分享一些比较常用的工具以及它们的使用方法。

一、割线

泥巴虽然很柔软，但想要快速分割所需的泥巴仅靠双手是难以控制的。因此，可以通过不同种类的割线工具快速地切割出所需泥巴的大小。同时，割线工具还有其他的用途，例如在制作大型雕塑时切割泥块调整形状；利用不同种类的割线制作出不同的肌理等。

割线

二、修坯刀

修坯刀是修坯时必不可少的工具，不同形状的刀头可以制作出独特的形状。修坯可以分为干修和湿修两类，对应不同种类的修坯工具。

当坯体没有完全干燥的时候可以使用环型修坯工具，它可以快速地修整未干燥的坯体形状。由于切削的效果比较好，也会留下比较明显的修坯纹理，此时可以使用刮片工具处理表面的纹路。对于较为干燥的坯体，建议使用钨钢刀修坯。在修坯前可以先用浸湿的海绵给坯体补水，这样可以有效地减少修坯时产生的粉尘，使得坯体表面柔软一些，方便修整。

修坯刀

三、麂皮

麂皮主要用于修整坯体口沿部分，使其光滑。也可用于去除表面积水，有效降低口沿开裂的情况。

麂皮

四、刮片

刮片的使用范围比较广泛，不同硬度的刮片可以对不同阶段的坯体进行抛光和修整。

刮片

五、复合板

复合板拥有较好的吸水性，可以用于放置较湿润的坯体。

复合板

六、钢针

钢针是一件实用性很高的工具。如果拉坯后发现器皿口沿高低不平，可以在转盘旋转的同时用钢针工具切割不平整的口沿。它还可以用于在坯体上制作纹饰。

钢针

附录三　常见制作问题检索目录